SOCIÉTÉ LIBRE

D'AGRICULTURE, SCIENCES, ARTS ET BELLES-LETTRES

DE L'EURE

(SECTION DE BERNAY)

SÉANCE DU 24 AVRIL 1881

RAPPORT

DE

M. LAMBERT

Sur l'Ouvrage de M. FRÉMY, ancien
Avoué, Juge suppléant au Tribunal
civil de Senlis

AYANT POUR TITRE :

DU DROIT DE DESTRUCTION

DES ANIMAUX

MALFAISANTS OU NUISIBLES

BERNAY

IMPRIMERIE Vᵉ A. LEFÈVRE, RUE DES FONTAINES, 40.

1881

RAPPORT

de

M. LAMBERT

Sur l'Ouvrage de M. Frémy

Du Droit de Destruction des Animaux Malfaisants ou Nuisibles, En tout Temps, sans Permis de Chasse ni Autorisation Préfectorale.

Messieurs,

Vous avez bien voulu me confier le soin de faire un rapport sur le travail de M. Frémy, ancien avoué, Juge suppléant au Tribunal civil de Senlis ; ayant pour titre : *Du droit de destruction des animaux malfaisants ou nuisibles en tout temps, sans permis de chasse ni autorisation Préfectorale.*

En ma qualité d'avoué et de chasseur, permettez moi, Messieurs, de m'inspirer des recherches spéciales auxquelles je me suis livré, à ces deux titres, pour traiter le sujet soumis à votre appréciation.

Le droit naturel de se défendre contre les animaux malfaisants ou nuisibles, ne faisait qu'un avec le droit de chasse dans les temps anciens.

Ce droit avait une importance autrement grande

que de nos jours, alors que le sol était presque
entièrement couvert de forêts impénétrables et
remplies d'animaux sauvages et dangereux.

Ce droit naturel de défense et de chasse était pour
l'homme de première nécessité, puisqu'il fallait
d'abord pourvoir à sa conservation et ensuite se
nourrir et se vêtir.

Dans ces temps reculés les moyens de destruction
étaient loin d'approcher des engins terribles que nous
possédons aujourd'hui. Aussi le courage individuel
était-il en rapport avec les nécessités de l'époque.

Après avoir détruit ou contraint à la retraite les
grands carnassiers, l'homme pour combattre les
animaux moins dangereux employa les embûches et
les piéges.

Les premiers piéges furent appliqués par les Celtes
et les anciens Gaulois à la chasse aux aurochs, élans,
bisons et taureaux sauvages. Ils consistaient en fosses
profondes creusées à mi-côte d'un vallon escarpé,
où les animaux étaient poussés et entraînés par leur
fougue.

L'arc fut une des premières armes dues à l'industrie
de l'homme, il fut aussi un des moyens les plus
sûrs de combattre les animaux sauvages. Les javelots
étaient également employés avec succès.

Lycurgue fut l'auteur d'une loi qui obligeait les
jeunes gens à s'exercer à la chasse. Xénophon
composa les Cynégétiques. Plutarque fit un traité sur
l'éducation des enfants, dans lequel il faisait entrer,

comme principal exercice, l'apprentissage à lancer les javelots, à tirer l'arc et à chasser. Les Lacédémoniens ne permettaient aux jeunes gens de figurer à table avec les hommes qu'après avoir fait leurs premières armes à la guerre, ou qu'après avoir tué un sanglier.

Jules César, Cicéron, Marc-Antoine, étaient grands chasseurs et destructeurs d'animaux sauvages.

Le droit de chasse qui, chez les nations nomades, appartenait naturellement à tous, subit des transformations suivant les vicissitudes du droit de propriété avec lequel il s'était confondu.

La législation romaine défendit de chasser sur le domaine d'autrui.

On ne connaît guère que deux auteurs latins qui aient écrit en maîtres, sur la chasse : Gratius et Nemésien.

Les Romains dans leurs chasses se servaient de chiens qui étaient presque tous tirés de l'étranger. L'Italie n'en fournissait pas de bons. Les meilleurs en tout genre venaient des Gaules.

Pour s'assurer de la retraite des animaux et de leur présence dans une enceinte, les Romains avaient appris des Grecs à se servir du limier qu'ils conduisaient au trait comme on le fait encore aujourd'hui.

Les enceintes étaient entourées, ou bordées seulement par un ou plusieurs côtés avec les *retia*, immenses filets à larges mailles et d'un très-fort tissu. Les chasseurs tuaient les animaux pris dans les filets, avec des dards, épieux et autres armes.

On tendait aussi isolément des collets sur le passage des animaux qui s'y prenaient sans y être poussés. On en trouve un exemple dans la loi 55, au Digeste, *De acquirendo rerum dominio*, qui suppose qu'un tiers a détaché ou pris un sanglier retenu dans un *laqueum* tendu par un autre.

La chasse était aussi une grande passion chez les Germains et les Francs. Ceux-ci apportèrent cette passion dans les Gaules, et lorsque César envahit cette contrée, il trouva une loi qui condamnait à l'amende les jeunes gens devenus trop gras faute de s'exercer et de fréquenter les forêts. Les Francs en étendant leurs conquêtes s'étaient attribués exclusivement le droit de chasser, et tout ce qui n'était pas militaire ne devait point chasser. Cette loi s'étentendait aux diacres, aux prêtres, aux abbés, aux évêques, ils n'avaient le droit d'avoir ni chiens de chasse ni faucons.

Les Francs, bien différents des Romains, dédaignaient les filets et autres engins qu'ils n'employaient que pour prendre les oiseaux. Ces intrépides chasseurs attaquaient les plus grandes bêtes et s'en rendaient maîtres seulement avec leurs chiens.

Les animaux assez puissants pour résister aux chiens, tels que les aurochs, buffles, élans, ours, etc., étaient abattus au moyen d'un épieu appelé *spar*. Les chevaux des Francs, quoique petits et très-maigres, ne le cédaient en rien pour la vigueur et le fond à leurs chiens, et ils duraient si longemps à la course qu'on pouvait aisément, avec le même cheval et les mêmes chiens, sans relais, forcer le cerf le plus vigoureux.

Mais je m'aperçois que saint Hubert m'entraîne et qu'en suivant les anciens dans leurs chasses, je quitte un peu le sujet que je devais traiter.

Revenons donc au plus vite au droit naturel de destruction des animaux malfaisants ou nuisibles, et voyons ce qu'il devint sous la monarchie française.

Les premières ordonnances restrictives du droit de chasse, comprenant le droit naturel de défense contre les animaux malfaisants ou nuisibles, remontent au XIIIe siècle, sous le règne de Saint-Louis.

Vinrent ensuite les ordonnances de 1318 sous Philippe le Long.

Sous Louis XI et sous Charles VIII la peine de mort fut plusieurs fois appliquée. Claude de Syssel nous apprend qu'alors *il estoit plus remissible de tuer ung homme, que ung cerf ou ung sanglier.*

Les Rois seuls avaient le droit de chasse sur tout le sol français, étant réputés propriétaires de leurs sujets, « personnes et biens ».

La chasse était pour les rois et les grands seigneurs, nous dit Michel-Ange Blondus ; *quant aux autres hommes, leur affaire était de travailler.*

François Ier dans une de ses ordonnances, courroucé « qu'on le frustre du déduit et passe-temps qu'il prend à la chasse, et tant lui qu'autres seigneurs et nobles de son dit royaume, à quoi et non à autres appartient soi récréer à chasser pour éviter oisiveté, et soi exercer aux dites chasses, » ordonne pour la première fois : une amende de 250 livres tournois. *Et ceux qui n'auront de quoi payer, seront battus de verges sous la custode, jusqu'à effusion de sang. Pour la seconde fois : ils seront battus de verges autour des forêts où ils auront delinqué.* »

Quelque temps après, Cujas, le savant jurisconsulte, écrivait :

« Les coutumes se sont éloignées du droit naturel
« de telle sorte qu'il n'est plus aujourd'hui permis à
« tout le monde de pêcher dans les fleuves publics ni
« de chasser librement dans la campagne. »

Charles IX défendit, le premier, aux gentilshommes de chasser sur les terres ensemencées ou dans les vignes, sous peine de payer aux laboureurs des dommages et intérêts.

Henri III considérant *qu'un chacun, même les gens méchaniques, roturiers et autres, n'ayant droit de chasse, se sont licentiez de chasser, lui tollisans le plaisir qu'il prend à la chasse,* ordonne la destruction des chiens couchants, et accorde quatre écus par tête de chien.

Trois ans après, le même roi demandait la tête des chasseurs : *et quant aux roturiers et non nobles, nous leur faisons défense sous peine de la hart, de contrevenir à nos dites ordonnances ni de s'entremettre du fait des chasses en aucune sorte que ce soit, ni moins porter arquebuses, arbalètes, tenir furets ni autres engins quelconques servant au fait des dites chasses.*

Henri IV enchérit encore sur les ordonnances de François Ier.

Cependant les parlements avaient le droit de modifier les ordonnances en les enregistrant, ils en usaient quelquefois pour conserver les priviléges des villes et des provinces. Celui de Toulouse maintint les seigneurs et toutes les personnes autres que *laboureurs et artisans,* dans le droit de chasse aux chiens couchants.

Louis XIII fit beaucoup d'ordonnances sur la chasse, qui ne changèrent rien aux principales dispositions en vigueur.

Louis XIV supprima la peine de mort, sans rien changer aux autres peines ; il maintint l'interdiction des chiens couchants, et défendit de tirer au vol, *à trois lieues près des plaisirs du roi.* Cette ordonnance qui date de 1669, défendit aussi de faucher les prairies avant la Saint-Jean, sous peine de confiscation de la récolte, et *d'amende arbitraire,* le tout pour ne pas déranger les couvées de perdrix et de cailles.

Sans recourir à cette ordonnance, si de nos jours, la fauchaison des prairies n'avait lieu qu'à la Saint-Jean, les perdrix et les cailles seraient moins rares qu'elles ne sont à l'ouverture de la chasse ; il est certain qu'avec le mode de fauchaison actuel, il ne restera bientôt plus que le souvenir de ce gibier.

La jurisprudence française et allemande abandonnait le droit primitif de chasse au seul souverain, en

sorte que tous les autres le tenaient de lui par féoda-
tion, ou par concession, ou par privilège.

Mais la révolution de 1789 anéantit tous ces droits
et privilèges, la propriété s'affranchit et le droit de
chasse s'étendit de façon à faire revivre le droit
naturel de défense qui nous occupe.

La loi des 28 et 30 avril 1790 consacre et réglemente
le droit de chasse et elle donne aux propriétaires ou
possesseurs, et même au fermier, le droit de détruire
en tout temps le gibier dans ses récoltes non closes, en
se servant de filets ou autres engins, comme aussi de
repousser avec les armes à feu les bêtes fauves qui se
répandaient dans ses récoltes.

Cette loi, basée sur des principes de raison et d'équité,
s'inspirait cependant des lois romaines qui ne permettaient pas de chasser sur le domaine d'autrui.

Dans la séance du 20 avril 1790 lorsque la loi sur
la chasse fut mise à l'ordre du jour de l'Assemblée
nationale, Robespierre qui combattait Merlin, rappor-
teur de cette loi, s'écria :

« Je m'élève contre le principe qui restreint le droit
« de chasse aux propriétaires seulement, je soutiens
« que la chasse n'est point une faculté qui dérive de
« la propriété. Aussitôt après la dépouille de la
« superficie de la terre, la chasse doit être libre à
« tout citoyen indistinctement. Dans tous les cas,
« les bêtes fauves appartiennent au premier occu-
« pant. Je réclame donc la liberté illimitée de la
« chasse, en prenant toutefois les mesures pour la

« conservation des récoltes et pour la sûreté publi-
« que. »

L'Assemblée nationale ne se laissa pas entraîner
par ces paroles, et par des arguments très courts mais
serrés, Merlin enleva le vote de l'Assemblée.

« On a raison de soutenir, dit-il, que par le droit
« naturel, le gibier n'appartient à personne : mais
« s'ensuit-il que tout le monde ait le droit le de
« poursuivre partout ? Autant vaudrait dire qu'on a
« le droit de venir chercher chez vous les animaux
« malfaisants qui infestent vos maisons. Une autre
« considération doit fixer vos regards ; vous devez
« faire des lois, non pour l'homme de la nature,
« mais pour l'homme de la société. Deux principes
« sont reconnus par les lois romaines : 1° le gibier
« est la propriété de celui qui s'en empare ; 2° *chacun*
« *a le droit d'empêcher un étranger d'entrer sur sa*
« *propriété pour chasser le gibier.* La loi qui n'aurait
« pas le droit d'autoriser un propriétaire à empêcher
« qu'on ne vint sur son terrain, n'aurait pas davan-
« tage le droit d'assurer les propriétés. Vous voulez
« faire fleurir l'agriculture : pensez-vous qu'elle
« fleurira quand tous les vagabonds auront droit de
« chasse ? Le séjour de la campagne sera-t-il agréa-
« ble lorsqu'il ne sera pas sûr ? »

Ces paroles mémorables pourraient encore être
méditées par les législateurs de nos jours.

La loi du 3 mai 1844, ainsi que le dit avec raison
M. Frémy, s'est montrée beaucoup moins libérale que
celle du 30 avril 1790, puisqu'en effet elle supprime

d'abord la faculté de détruire le gibier à l'aide de
filets et autres engins, et ensuite elle soumet dans
une certaine mesure le droit de destruction des
animaux malfaisants ou nuisibles à une réglementation.

Ainsi donc le droit naturel qui existait dans les
temps anciens se retrouve dans nos lois depuis 1790,
mais avec des restrictions que le travail de M. Frémy
a pour but d'éclairer.

Ce travail très consciencieux pose en effet des
principes et résume une jurisprudence qu'il est utile
de connaître.

Il nous dit que le propriétaire ou le fermier est
investi d'un double droit qui peut s'exercer en *tout
temps* : l'un celui de détruire certaines espèces d'animaux malfaisants ou nuisibles, soumis à la réglementation des préfets des départements, l'autre celui de
repousser ou de détruire, même avec des armes à feu,
les *bêtes fauves* qui porteraient dommage à ses propriétés, droit qui se trouve placé au dessus ou en
dehors de toute réglementation et constitue un acte de
défense antérieur et supérieur à toutes les lois.

L'auteur s'est demandé quel était le sens et la por-
tée de cette qualification de *bêtes fauves*? Il croit
que cette expression ne doit pas être prise dans un
sens littéral et limitatif, et en effet, par des citations
et des recherches judicieuses, il établit que le droit
du propriétaire ou fermier s'applique à tous les
animaux *malfaisants ou nuisibles*. Il n'hésite même
pas à étendre l'exercice de ce droit vis à vis des

oiseaux ou pigeons qui causent ordinairement dommage aux récoltes, soit à l'époque des semailles, soit lorsque les grains arrivent à maturité (voir les arrêts cités qui donnent raison à cette opinion). (1)

Examinant toutes les conséquences *du droit de légitime défense* dont la loi du 3 mai 1844 a assuré l'exercice, sans aucune obligation de permis de chasse, M. Frémy établit que le droit de destruction par le propriétaire ou le fermier n'est pas astreint au cas où les animaux malfaisants ou nuisibles sont sur le terrain et y exercent leurs ravages, qu'il implique la faculté de prendre des précautions, par conséquent de s'armer à l'avance lorsque le danger est imminent et de s'embusquer, soit dans son champ, soit dans le champ voisin, pour y attendre la bête fauve et la repousser ou la détruire. Il établit aussi que le droit de détruire n'est pas subordonné à la condition que l'animal ait occasionné un dommage ; qu'il suffit que se trouvant au milieu d'un champ ensemencé ou d'un terrain planté, il puisse d'un instant à l'autre causer un dégât, et qu'il est évident que l'animal peut être repoussé et même détruit dès que, par sa présence, il *menace* le produit du sol sur lequel il se trouve.

L'auteur s'est demandé quel serait le droit du propriétaire ou fermier, si la bête fauve, au lieu

---

(1) Le conseil d'État par un arrêt récent, a décidé que les cerfs, biches et lapins ne rentrent pas dans la catégorie des animaux nuisibles dans le sens de l'arrêté du 19 Pluviôse an V, et que les Préfets n'ont pas le droit d'ordonner que ces animaux seront détruits au moyen des battues prévues par la loi susdite. (Affaire Schneider contre le Préfet d'Indre-et-Loire.)

d'avoir envahi un champ chargé de récoltes s'était introduite dans une cour de ferme ou dans les dépendances d'une maison d'habitation ? Il n'hésite pas à admettre que, dans ce cas, la seule présence d'un animal de grande taille, d'un cerf, par exemple, pourrait être considérée comme un danger pour les personnes et autoriser le maître de la maison à tuer la bête fauve, alors qu'elle ne causerait aucun dommage.

La question ne se présenterait pas, bien entendu, si l'animal avait pénétré dans un terrain ayant une clôture réunissant les conditions légales, par ce qu'alors le propriétaire, en tuant la bête fauve, ne ferait qu'user du droit de chasse sans permis, autorisé par l'article 2 de la loi du 3 mai 1844.

L'auteur pense que, bien que la loi ne désigne, comme moyen de destruction, que les armes à feu, elle permet implicitement l'emploi d'autres moyens, notamment en ce qui concerne les loups et les renards, où l'usage des piéges doit être admis. La destruction peut avoir lieu aussi en temps de neige, de même qu'elle peut avoir lieu la nuit. Toutefois, l'exercice de ce droit de destruction la nuit pouvant être mal interprété par les gardes, l'auteur pense qu'il serait prudent de faire une déclaration préalable à l'autorité locale, et en cela, il invoque l'opinion conforme de plusieurs auteurs et plusieurs arrêts. C'est ainsi que M. Frémy émet l'avis que les propriétaires, possesseurs ou fermiers, peuvent se faire assister par des tiers et même, en cas d'urgence, organiser une battue, et qu'ils ont aussi la faculté de déléguer entièrement leur droit de destruction.

Une question délicate est celle de savoir si l'interdiction résultant de l'article 4 de la loi du 3 mai 1844, de mettre en vente, d'acheter, de transporter et de colporter du gibier pendant le temps où la chasse n'est pas permise, devait être étendue aux bêtes fauves qui dévastent les propriétés? Ces animaux n'étant pas du gibier dans le sens de la loi, la prohibition ne peut leur être appliquée; cependant, deux auteurs, MM. Gillon et Villepin, estiment que, sans doute, il doit être permis de *transporter* au domicile des chasseurs les animaux nuisibles tués à la suite d'une battue pratiquée conformément aux règlements; mais qu'on ne saurait autoriser la mise en vente, la vente et le colportage de ces animaux sans ouvrir une trop large voie à la fraude. Cette opinion très-raisonnable est admise par M. Frémy qui conseille toutefois, par mesure de prudence, à celui qui aura tué une bête fauve dans sa propriété, d'en faire constater la provenance et de demander au Préfet ou au Sous-Préfet l'autorisation d'en opérer le transport.

Dans la deuxième partie de son travail M. Frémy pose en premier lieu la question de savoir si les propriétaires, fermiers ou possesseurs peuvent, sans commettre un délit de chasse, poursuivre et enlever sur le terrain d'autrui un animal malfaisant mortellement blessé dans leur propriété?

La solution de cette question dans le sens de l'affirmative ne pouvait être douteuse; car ce sont les mêmes principes qui ont fait admettre la jurisprudence, bien établie aujourd'hui, qu'il n'y a pas délit dans le fait du chasseur qui pénètre sur la propriété d'autrui pour ramasser une pièce de gibier qui est allée y mourir, après avoir été blessée par lui sur son terrain. Mais ceci admis, M. Frémy se demande si les propriétaires, fermiers ou possesseurs, s'ils avaient seulement surpris un animal malfaisant en flagrant délit de pillage ou de dévastation sur leur propre terrain, pourraient le poursuivre et le détruire sur les héritages voisins. Il ne le croit pas, et il dit avec raison qu'autoriser un pareil droit, ce serait assujettir les héritages voisins à une sorte de servitude et permettre de troubler la paisible jouissance des voisins; ce serait aussi un prétexte pour se livrer à de véritables faits de chasse.

Une autre question se présente ensuite, c'est celle de savoir si le fermier peut, sans le consentement du locataire du droit de chasse, tuer les bêtes fauves qui endommagent ses récoltes, sur le fonds à lui affermé?

L'affirmative ne paraît pas douteuse pour l'auteur qui invoque des principes irréfutables sur ce sujet; il pense néanmoins que le fermier ne pourra user du droit de destruction qu'autant que le locataire de la chasse ne l'exercerait pas de façon à protéger suffisamment les récoltes.

Enfin, comme dernière question, l'auteur demande si le propriétaire qui a loué son droit de chasse pourrait s'opposer à ce que son locataire détruisit les animaux malfaisants ou nuisibles ?

Il ne le croit pas ; cependant il est d'avis que si le locataire du droit de chasse négligeait de détruire les bêtes nuisibles, le propriétaire, après mise en demeure, serait fondé à opérer lui-même cette destruction.

Telles sont, Messieurs, les réflexions que le travail de M. Frémy m'a inspirés et le résumé que j'ai cru utile de vous soumettre à cause des principes sérieux que cet ouvrage contient et des dissertations appuyées d'une doctrine et d'une jurisprudence parfaitement établies, qui s'y trouvent. Je ne crois pouvoir mieux faire, Messieurs, que de vous demander de voter des remerciements à M. Frémy pour l'hommage qu'il nous a fait et de lui adresser nos félicitations pour un ouvrage aussi utile que consciencieusement étudié.

www.ingramcontent.com/pod-product-compliance
Lightning Source LLC
Chambersburg PA
CBHW050459210326

41520CB00019B/6276